AF196282

Dieses Buch gehört

Das Tagebuch für die exorbitante Frau

Das Buch, was nur für dich bestimmt ist und dich zu einer glücklichen und zufriedenen Frau macht.

.

©2019 Doreen Pechta

Illustration: Doreen Pechta

Lektorat: tredition

Verlag & Druck: tredition GmbH

Halenreie 40-44

22359 Hamburg

ISBN

Paperback: 978-3-7482-1816-6

Hardcover: 978-3-7482-1817-3

e-Book : 978-3-7482-2132-6

Das Werk, einschließlich seiner Teile, ist urheberrechtlich geschützt. Jede Verwertung ist ohne Zustimmung des Verlages und des Autors unzulässig. Dieses gilt insbesondere für die elektronische oder sonstige Zugänglichmachung. Vervielfältigung, Übersetzung, Verbreitung und öffentliche

Inhaltsverzeichnis

Einleitung

Vielen Dank für dein Vertrauen. Ich bin begeistert und du wirst es auch sein. Dieses Versprechen gebe ich dir, jetzt gleich zum Anfang.

Warum habe ich ein Tagebuch geschrieben?

Gerade in schwierigen Situationen konnte ich durch das Schreiben meine Gefühle zum Ausdruck bringen und habe mich so bewusster entwickelt.

Wissenschaftler haben herausgefunden, dass tägliches Aufschreiben sich enorm positiv auf den menschlichen Körper auswirkt.

Ich schreibe immer noch einen Einkaufszettel und sollte ich ihn doch vergessen einzupacken, kaufe ich doch alle Dinge ein, welche auf dem Zettel standen.

Das Geschriebene ist viel besser in unserem Unterbewusstsein abgespeichert.

Beim Tagebuch schreiben, liegt der Fokus auf positiven Erlebnissen. So steigerst du dein Wohlbefinden und kannst ein ausgeglichenes und glückliches Leben führen.

Was bringt mir das Schreiben?

1. Du lernst mehr über dich und deine Persönlichkeit kennen.

2. Das geschriebene Wort kann sich besser manifestieren.

3. Du lernst, die Glücksmomente in deinem Leben mehr zu schätzen.

4. Es ist die einfachste und doch intensivste Möglichkeit, langfristig glücklicher und zufriedener zu leben.

5. Es ist dein Buch und erzählt deine Lebensgeschichte.

6. Es hilft dir, deine Ziele und Wünsche zu erreichen.

7. Es hilft gerade in Krisenzeiten wieder Hoffnung zu schöpfen.

8. Im Buch wirst du nicht kritisiert, ausgelacht oder schief angesehen.

Jeder Tag, an dem du erwachst, ist ein Grund der Freude, denn du bist erwacht.

Doreen Pechta

Eine Geschichte zum Nachdenken

*E*s waren einmal drei Kinder, die sich frühmorgens auf den Weg machten, um Pilze zu sammeln.

Lange Zeit liefen sie erfolglos im Wald umher, bis sie endlich wohlschmeckende Pilze in Hülle und Fülle fanden.

Sie waren so mit dem Sammeln der kostbaren Waldfrüchte beschäftigt, dass sie unbemerkt

immer tiefer in den Wald hineingerieten.

Glücklich und zufrieden schauten sie auf ihre gefüllten Körbe.

Als sie sich wieder auf den Heimweg machen wollten, mussten sie zu ihrem Entsetzen feststellen, dass sie sich ausweglos verlaufen hatten.

*D*as erste Kind überkam die Angst und Sorge: »Was ist, wenn wir die Nacht im kalten Wald verbringen müssen?

Wenn wilde Tiere kommen …?«

*D*as zweite Kind begann zu weinen und meinte:

»Hätten wir doch nur nicht den gewohnten sicheren Weg verlassen!«

Das dritte Kind lächelte und sagte: »Was seid ihr so besorgt? Freut euch doch!

Schaut in eure Körbe, solch eine Ausbeute an Pilzen haben wir noch nie gesehen.

Diesen Tag werden wir sicher nie wieder vergessen!«

Plötzlich hörten die Kinder aus der Ferne das Wiehern von Pferden. So schnell es ihre müden Beine und schwer beladenen Körbe erlaubten, rannten die drei in diese Richtung.

Gerade noch rechtzeitig gelangten sie an eine Straße, an der soeben eine Pferdekutsche mit drei Männern entlangfuhr.

Die Kinder beobachteten, dass der Kutscher durch ein Fernrohr sah und sehr angstvoll vorausschaute.

Hinten am Wagen blickte ein Mann sehr bedrückt zurück.

Bequem in der Mitte jedoch saß ein vergnügter alter Mann, der die Kinder freundlich zum Mitfahren einlud.

*D*ie Kinder sprangen erleichtert auf und bedankten sich bei den drei Männern für deren Hilfe.

Doch der Vorder- und Hintermann nahmen die zugestiegenen Fahrgäste gar nicht wahr.

Die Kinder fragten deshalb den vergnügten Mann, was die beiden anderen mit ihren großen Fernrohren täten?

Der Mann deutete auf den Vordermann und sagte: »Das ist Herr Zukunft.

Er tut nichts anderes, als vorauszuschauen, zu planen, sich zu sorgen und zu ängstigen.

Der andere ist Herr Vergangenheit. Er schaut stets nur zurück und oft bedauert oder bereut er etwas.«

Neugierig fragten die Kinder, wer er denn sei?

»Mein Name ist Herr Gegenwart«, antwortete er strahlend. »Ich lebe im Hier und Heute!

Ich nehme alles um mich herum wahr. Die Sonne, die herrlichen Landschaften mit ihren Blumen, Bäumen, Tieren und Gebäuden. Ich sehe alle Menschen, nur so habe ich auch euch entdeckt!«

Aufmerksam lauschten die Kinder seinen Worten,

als er weitersprach:

»Auch ich schaue immer wieder sorgsam voraus,
um meinen Weg zu erkennen. Ebenso werfe ich
auch gerne einen Blick auf meine Vergangenheit,
um aus meinen Erfahrungen zu lernen.

Doch mein wirkliches Leben findet nur in der
Gegenwart statt, denn das Morgen ist noch nicht
geboren und das Gestern ist bereits geschehen.«

Inzwischen hatte die Kutsche den Wald verlassen
und die Kinder befanden sich wieder in ihrer
vertrauten Umgebung.

Sie bedankten sich vielmals bei Herrn Gegenwart,
der sie sicher nach Hause gebracht und ihnen
neue Erkenntnisse mit auf den Weg gegeben hatte.

An diesem Tag waren die Kinder besonders reich
beschenkt worden.

Warum gerade dieses Tagebuch so besonders ist.

*D*as Buch ist von einer Frau für Frauen konzipiert worden.

Das System, dass ich dir mit diesem Tagebuch schenke, wird dafür sorgen, dass du deine Ziele und Wünsche klarer definierst, um sie dann Schritt für Schritt zu erreichen.

Das Tagebuch wird für dich gerade in schwierigen Situationen eine starke Stütze sein.

Es wird für dich zur besten Freundin.

Durch Strukturen erschaffst du dir Energiequellen.

Du entwickelst dich, in nur kurzer Zeit zu einer exorbitanten Frau.

Es steigert deine Lebensqualität und verschafft dir mehr Spaß, Freude und Erfüllung.

Du lernst durch Leichtigkeit, dein Leben zu lieben.

Wenn du ein Problem hast, versuch es zu lösen. Kannst du es nicht lösen, dann mache kein Problem daraus.

Buddha

Affirmationen für mehr Gelassenheit

Menschen mit hoher Reife und Weisheit zeichnen sich durch innere Ruhe, Gelassenheit und Heiterkeit aus. Außerdem komme ich damit viel leichter durchs Leben.

Deshalb nehme ich mir heute ein Beispiel daran und ersetze Kritik, Übellaunigkeit und Betroffenheit durch Gelassenheit, Ruhe oder sogar Heiterkeit.

Ich achte heute immer wieder auf meine Verfassung und werde immer früher aufmerksam, wenn ich zu sehr in Anspannung oder negative Gefühle komme. Dann mache ich mir bewusst, dass sich die Situation dadurch nicht verbessert.

Heute glaube ich: Ich selbst bin der einzige Mensch, der in meinem Kopf, die Macht hat etwas zu ändern. Mit etwas Übung kann ich selbst entscheiden, wie ich auf Situationen und Menschen reagiere.

Gelassenheit stellt sich ein, wenn ich Menschen und Dinge so akzeptiere und sein lasse, wie Sie nun mal sind. Ich lasse jedem Menschen das Recht, sein eigenes Leben zu leben und seine Entscheidungen zu treffen.

Ich zeichne mich aus durch innere Ruhe, Gelassenheit und Heiterkeit.

Affirmationen für jeden Tag

Heute sehe ich das Gute in mir und allen Menschen, denen ich begegne.

Ich liebe mich und nehme mich so an, wie ich bin.

Ich bin wertvoll.

Ich gebe Liebe und empfange Liebe.

Ich bin dankbar, für alles, was ich habe.

Heute ist ein wunderbarer Tag.

Ich bin voller Energie und Lebensfreude.

Ich bin glücklich.

Ich bin erfolgreich.

Ich habe Erfolg in jedem Lebensbereich.

Ich liebe das Leben und das Leben liebt mich.

Ich bin ein Magnet für Erfolg, Geld und Fülle.

Ich ernähre mich gesund.

Ich bin gesund.

Die Morgenroutine

Der perfekte Start in den Tag.

Durch eine angemessene und richtige Morgenroutine, gelingt der perfekte Start in den Tag gleich viel besser.

Die Morgenroutine ist ein bewusster Ablauf der ersten Minuten bzw. Stunden eines Tages.

Diese Routine kann zur richtigen oder falschen Gewohnheit werden.

Eine positive Morgenroutine bringt extrem viele Vorteile.

Du erzeugst eine gewisse Vorfreude auf den Tag und schleppst dich nicht durch den Tag.

Diese Freude, überträgt sich auf dein Umfeld und somit steckst du deine Mitmenschen an und sorgst für ein positives Umfeld, was sich in deinem Gesundheitszustand zeigen wird.

Eine gewisse Routine läuft nach einer gewissen Zeit automatisiert ab und verbraucht dadurch weniger Energie.

Die Morgenroutine sollte zu deiner Energie und Zeitquelle werden.

Wie kann der richtige Start in den Tag aussehen?

- Frühstücken
- Musik hören
- Podcasts hören
- Sportliche Aktivitäten (15.Min.)
- Meditieren
- Spazieren gehen mit dem Hund
- Das angefangene Buch lesen
- Gemütlich eine Tasse Kaffee (Tee)trinken
- Mit einem Lachen das Haus verlassen
- Singen, Lachen, Tanzen
- Tagebuch schreiben
- Gelassenheit üben
- Von der Zukunft träumen
- Zähne putzen, duschen
- Mit liebevollen Worten den Partner verabschieden
- Affirmationen bewusst 10 Min. verinnerlichen

Die Abendroutine

Viele können am Abend nicht richtig abschalten und finden keinen erholsamen Schlaf. Die heutige Zeit ist sehr hektisch und stressig. Die meisten Frauen können einfach vom Alltag nicht abschalten.

Ich werde dir helfen perfekt abzuschalten und zeige dir, wie du die Welt vor der Haustür lässt und somit Gelassenheit und Ruhe für den Abend bekommst.

Der wohl größte Nutzen einer Abendroutine ist ein erholsamer Schlaf. Ein erholsamer Schlaf ist unsere Lebensquelle für ein glückliches und zufriedenes Leben.

Die idealste Voraussetzung, für einen erholsamen Schlaf ist, dass unser Geist zur Ruhe kommt. Es ist ja bekannt, dass Sorgen und Probleme uns den Schlaf rauben.

Gerade am Abend ist es so wichtig, den Tag positiv zu beenden. Dabei hilft, das Tagebuch zu schreiben, denn der Fokus am Abend, ist auf das positive Verarbeiten des Tages gerichtet.

Gerade am Abend, keinen Stress aufkommen lassen, sondern einen eigenen Rhythmus finden.

Meine Abendroutine

- *E*in Entspannungsbad mit Kerzen und Musik bewirkt Wunder (- wer keine Musik mag, kann auch lesen oder nur das wohltuende Bad genießen.)
- Schreibe all deine Eindrücke, positiven Erlebnisse, wunderbaren Erfolge in dein Tagebuch.
- Lobe dich und sei stolz auf deine Erfolge.
- Wenn dir Gedanken kommen, welche den nächsten Tag betreffen z. B. Besorgungen, Termine, Kinder usw. dann schreibe alles fix in ein Notizbüchlein (- solches liegt bei mir immer auf meinem Nachttisch), so vermeidest du Hektik und Panik.
- Gönne dir zum Abschluss ein wohltuendes Getränk, wie eine Tasse heiße Milch mit Honig oder einen Kräutertee.
- Ziehe dich bitte 1 Stunde vor dem Zubettgehen aus der Social – Media - Welt zurück (-zum Anfang habe ich mir einen Alarm programmiert).
- Atemübungen wirken sich sehr beruhigend auf den Körper aus (- atme tief ein, halte die Luft für 1-3 Sekunden an und dann wieder langsam ausatmen).
- Im Bett lese ich bis ich müde werde.

- Meine letzten Gedanken, bis ich in die Traumwelt eintauche, haben immer mit Dankbarkeit zu tun.
- Es sollte, das Zubettgehen, immer zur gleichen Zeit stattfinden.
- Mit dem Partner kuscheln.
- Mit einem Haustier kuscheln.

Natürlich sind das alles nur Anregungen, denn jede Frau sollte ihre eigene Abendroutine finden und gestalten

Denke nicht so oft an das, was dir fehlt, sondern an das, was du hast.

Mark Aurel

Der perfekte Umgang mit dem Tagebuch

Meine Ziele:
- Heute werde ich auf meine Ernährung achten – alle wichtigen Aufgaben werden sofort erledigt – abends ein tolles Essen kochen

Affirmationen für den Tag:

Ich liebe das Leben und das Leben liebt mich

Ich lasse mich heute nicht verunsichern

Für was bin ich dankbar:

- für meine Familie – ich kann sehen und meine Umgebung genießen- ich wohne dort wo andere Urlaub machen – für mein Hobby

Persönliche Notizen:

-3 Liter Wasser trinken

-2 wichtige Telefonate nicht vergessen

Tag__10___ Monat __10___ Jahr__2018___

Glücksmomente: - mit meinem Sohn herzhaft gelacht – Sonnenstrahlen genossen – einen perfekten Start in den Tag

Gesundheit: - 1 Stunde am Morgen mit Oli (Hund) unterwegs gewesen- 1 Stunde Zumba – 3 Liter Wasser getrunken

Beziehungen: - mit meiner Schwester telefoniert – wunderbare Gespräche mit 2 Geschäftspartnern geführt

Was kann ich morgen besser oder anders machen: - mich noch mehr auf positive Dinge konzentrieren – noch intensiver mein Leben genießen

- mich in mehr Akzeptanz üben

Tag_____ Monat_____ Jahr _____   *Morgen*

Meine Ziele für den Tag:

_____
_____
_____
_____

Affirmationen für den Tag:

_____
_____
_____
_____

Für was bin ich dankbar:

_____
_____
_____
_____

Persönliche Notizen:

_____
_____
_____
_____
_____
_____

Tag_____ Monat _____ Jahr_____   Abend

Glücksmomente:

_____
_____
_____
_____

Gesundheit:

_____
_____
_____
_____

Beziehungen:

_____
_____
_____
_____

Was kann ich morgen besser oder anders machen:

_____
_____
_____
_____
_____
_____

Tag_____ Monat_____ Jahr _____   *Morgen*

Meine Ziele für den Tag:

_____
_____
_____
_____

Affirmationen für den Tag:

_____
_____
_____
_____

Für was bin ich dankbar:

_____
_____
_____
_____

Persönliche Notizen:

_____
_____
_____
_____
_____
_____

Tag_____ Monat _____ Jahr_____   Abend

Glücksmomente:

_____

_____

_____

_____

Gesundheit:

_____

_____

_____

_____

Beziehungen:

_____

_____

_____

_____

Was kann ich morgen besser oder anders machen:

_____

_____

_____

_____

_____

_____

29

Tag_____ Monat_____ Jahr _____   Morgen

Meine Ziele für den Tag:

_____
_____
_____
_____

Affirmationen für den Tag:

_____
_____
_____
_____

Für was bin ich dankbar:

_____
_____
_____
_____

Persönliche Notizen:

_____
_____
_____
_____
_____

Tag_____ Monat _____ Jahr_____   Abend

Glücksmomente:

_____
_____
_____
_____

Gesundheit:

_____
_____
_____
_____

Beziehungen:

_____
_____
_____
_____

Was kann ich morgen besser oder anders machen:

_____
_____
_____
_____
_____
_____

Tag_____ Monat_____ Jahr _____   Morgen

Meine Ziele für den Tag:

_____
_____
_____
_____

Affirmationen für den Tag:

_____
_____
_____
_____

Für was bin ich dankbar:

_____
_____
_____
_____

Persönliche Notizen:

_____
_____
_____
_____
_____

Tag_____ Monat _____ Jahr_____   Abend

Glücksmomente:

_____

_____

_____

_____

Gesundheit:

_____

_____

_____

_____

Beziehungen:

_____

_____

_____

_____

Was kann ich morgen besser oder anders machen:

_____

_____

_____

_____

_____

_____

Tag_____ Monat_____ Jahr _____   Morgen

Meine Ziele für den Tag:

_____
_____
_____
_____

Affirmationen für den Tag:

_____
_____
_____
_____

Für was bin ich dankbar:

_____
_____
_____
_____

Persönliche Notizen:

_____
_____
_____
_____
_____

Tag_____ Monat _____ Jahr_____   Abend

Glücksmomente:

_____
_____
_____
_____

Gesundheit:

_____
_____
_____
_____

Beziehungen:

_____
_____
_____
_____

Was kann ich morgen besser oder anders machen:

_____
_____
_____
_____
_____
_____

Tag_____ Monat_____ Jahr _____   Morgen

Meine Ziele für den Tag:

_____
_____
_____
_____

Affirmationen für den Tag:

_____
_____
_____
_____

Für was bin ich dankbar:

_____
_____
_____
_____

Persönliche Notizen:

_____
_____
_____
_____
_____

Tag_____ Monat _____ Jahr_____   Abend

Glücksmomente:

_____
_____
_____
_____

Gesundheit:

_____
_____
_____
_____

Beziehungen:

_____
_____
_____
_____

Was kann ich morgen besser oder anders machen:

_____
_____
_____
_____
_____

Tag_____ Monat_____ Jahr _____   Morgen

Meine Ziele für den Tag:

_____

_____

_____

_____

Affirmationen für den Tag:

_____

_____

_____

_____

Für was bin ich dankbar:

_____

_____

_____

_____

Persönliche Notizen:

_____

_____

_____

_____

_____

_____

*Tag*_____ *Monat* _____ *Jahr*_____   *Abend*

Glücksmomente:

_____
_____
_____
_____

Gesundheit:

_____
_____
_____
_____

Beziehungen:

_____
_____
_____
_____

Was kann ich morgen besser oder anders machen:

_____
_____
_____
_____
_____
_____

Tag_____ Monat_____ Jahr _____   Morgen

Meine Ziele für den Tag:

_____
_____
_____
_____

Affirmationen für den Tag:

_____
_____
_____
_____

Für was bin ich dankbar:

_____
_____
_____
_____

Persönliche Notizen:

_____
_____
_____
_____
_____
_____

Tag_____ Monat _____ Jahr_____   Abend

Glücksmomente:

_____

_____

_____

_____

Gesundheit:

_____

_____

_____

_____

Beziehungen:

_____

_____

_____

_____

Was kann ich morgen besser oder anders machen:

_____

_____

_____

_____

_____

Tag_____ Monat_____ Jahr _____   Morgen

Meine Ziele für den Tag:

_____
_____
_____
_____

Affirmationen für den Tag:

_____
_____
_____
_____

Für was bin ich dankbar:

_____
_____
_____
_____

Persönliche Notizen:

_____
_____
_____
_____
_____
_____

Tag_____ Monat _____ Jahr_____   Abend

Glücksmomente:

_____
_____
_____
_____

Gesundheit:

_____
_____
_____
_____

Beziehungen:

_____
_____
_____
_____

Was kann ich morgen besser oder anders machen:

_____
_____
_____
_____
_____

Tag_____ Monat_____ Jahr _____   Morgen

Meine Ziele für den Tag:

_____
_____
_____
_____

Affirmationen für den Tag:

_____
_____
_____
_____

Für was bin ich dankbar:

_____
_____
_____
_____

Persönliche Notizen:

_____
_____
_____
_____
_____

Tag_____ Monat _____ Jahr_____   Abend

Glücksmomente:

_____
_____
_____
_____

Gesundheit:

_____
_____
_____
_____

Beziehungen:

_____
_____
_____

Was kann ich morgen besser oder anders machen:

_____
_____
_____
_____
_____

Tag_____ Monat_____ Jahr _____   Morgen

Meine Ziele für den Tag:

_____
_____
_____
_____

Affirmationen für den Tag:

_____
_____
_____
_____

Für was bin ich dankbar:

_____
_____
_____
_____

Persönliche Notizen:

_____
_____
_____
_____
_____

Tag_____ Monat _____ Jahr_____   Abend

Glücksmomente:

_____

_____

_____

_____

Gesundheit:

_____

_____

_____

_____

Beziehungen:

_____

_____

_____

_____

Was kann ich morgen besser oder anders machen:

_____

_____

_____

_____

_____

Tag_____ Monat_____ Jahr _____   Morgen

Meine Ziele für den Tag:

_____
_____
_____
_____

Affirmationen für den Tag:

_____
_____
_____
_____

Für was bin ich dankbar:

_____
_____
_____
_____

Persönliche Notizen:

_____
_____
_____
_____
_____
_____

Tag_____ Monat _____ Jahr_____   Abend

Glücksmomente:

_____

_____

_____

_____

Gesundheit:

_____

_____

_____

_____

Beziehungen:

_____

_____

_____

_____

Was kann ich morgen besser oder anders machen:

_____

_____

_____

_____

_____

_____

Tag_____ Monat_____ Jahr _____   Morgen

Meine Ziele für den Tag:

_____
_____
_____
_____

Affirmationen für den Tag:

_____
_____
_____
_____

Für was bin ich dankbar:

_____
_____
_____
_____

Persönliche Notizen:

_____
_____
_____
_____
_____

Tag_____ Monat _____ Jahr_____   *Abend*

Glücksmomente:

_____

_____

_____

_____

Gesundheit:

_____

_____

_____

_____

Beziehungen:

_____

_____

_____

_____

Was kann ich morgen besser oder anders machen:

_____

_____

_____

_____

_____

Tag_____ Monat_____ Jahr _____   Morgen

Meine Ziele für den Tag:

_____
_____
_____
_____

Affirmationen für den Tag:

_____
_____
_____
_____

Für was bin ich dankbar:

_____
_____
_____
_____

Persönliche Notizen:

_____
_____
_____
_____
_____
_____

Tag_____ Monat _____ Jahr_____   Abend

Glücksmomente:

_____
_____
_____
_____

Gesundheit:

_____
_____
_____
_____

Beziehungen:

_____
_____
_____
_____

Was kann ich morgen besser oder anders machen:

_____
_____
_____
_____
_____
_____

Tag_____ Monat_____ Jahr _____   Morgen

Meine Ziele für den Tag:

_____
_____
_____
_____

Affirmationen für den Tag:

_____
_____
_____
_____

Für was bin ich dankbar:

_____
_____
_____
_____

Persönliche Notizen:

_____
_____
_____
_____
_____

54

_Tag_____ Monat _____ Jahr_____   Abend_

Glücksmomente:

_____

_____

_____

_____

Gesundheit:

_____

_____

_____

_____

Beziehungen:

_____

_____

_____

_____

Was kann ich morgen besser oder anders machen:

_____

_____

_____

_____

_____

_____

Tag_____ Monat_____ Jahr _____   Morgen

Meine Ziele für den Tag:

_____

_____

_____

_____

Affirmationen für den Tag:

_____

_____

_____

_____

Für was bin ich dankbar:

_____

_____

_____

_____

Persönliche Notizen:

_____

_____

_____

_____

_____

Tag_____ Monat _____ Jahr_____   Abend

Glücksmomente:

_____
_____
_____
_____

Gesundheit:

_____
_____
_____
_____

Beziehungen:

_____
_____
_____

Was kann ich morgen besser oder anders machen:

_____
_____
_____
_____
_____

Tag_____ Monat_____ Jahr _____   Morgen

Meine Ziele für den Tag:

_____
_____
_____
_____

Affirmationen für den Tag:

_____
_____
_____
_____

Für was bin ich dankbar:

_____
_____
_____
_____

Persönliche Notizen:

_____
_____
_____
_____
_____

Tag_____ Monat _____ Jahr_____   Abend

Glücksmomente:

_____

_____

_____

_____

Gesundheit:

_____

_____

_____

_____

Beziehungen:

_____

_____

_____

_____

Was kann ich morgen besser oder anders machen:

_____

_____

_____

_____

_____

Tag_____ Monat_____ Jahr _____   Morgen

Meine Ziele für den Tag:

_____

_____

_____

_____

Affirmationen für den Tag:

_____

_____

_____

_____

Für was bin ich dankbar:

_____

_____

_____

_____

Persönliche Notizen:

_____

_____

_____

_____

_____

_____

Tag_____ Monat _____ Jahr_____   Abend

Glücksmomente:

_____

_____

_____

_____

Gesundheit:

_____

_____

_____

_____

Beziehungen:

_____

_____

_____

_____

Was kann ich morgen besser oder anders machen:

_____

_____

_____

_____

_____

Tag_____ Monat_____ Jahr _____   Morgen

Meine Ziele für den Tag:

_____

_____

_____

_____

Affirmationen für den Tag:

_____

_____

_____

_____

Für was bin ich dankbar:

_____

_____

_____

_____

Persönliche Notizen:

_____

_____

_____

_____

_____

62

Tag_____ Monat _____ Jahr_____   Abend

Glücksmomente:

_____
_____
_____
_____

Gesundheit:

_____
_____
_____
_____

Beziehungen:

_____
_____
_____
_____

Was kann ich morgen besser oder anders machen:

_____
_____
_____
_____

Tag_____ Monat_____ Jahr _____   Morgen

Meine Ziele für den Tag:

_____
_____
_____
_____

Affirmationen für den Tag:

_____
_____
_____
_____

Für was bin ich dankbar:

_____
_____
_____
_____

Persönliche Notizen:

_____
_____
_____
_____
_____
_____

Tag_____ Monat _____ Jahr_____   Abend

Glücksmomente:

_____
_____
_____
_____

Gesundheit:

_____
_____
_____
_____

Beziehungen:

_____
_____
_____
_____

Was kann ich morgen besser oder anders machen:

_____
_____
_____
_____
_____
_____

Tag_____ Monat_____ Jahr _____   Morgen

Meine Ziele für den Tag:

_____
_____
_____
_____

Affirmationen für den Tag:

_____
_____
_____
_____

Für was bin ich dankbar:

_____
_____
_____
_____

Persönliche Notizen:

_____
_____
_____
_____
_____
_____

66

Tag_____ Monat _____ Jahr_____   Abend

Glücksmomente:

_____
_____
_____
_____

Gesundheit:

_____
_____
_____
_____

Beziehungen:

_____
_____
_____
_____

Was kann ich morgen besser oder anders machen:

_____
_____
_____
_____
_____
_____

Tag_____ Monat_____ Jahr _____   Morgen

Meine Ziele für den Tag:

_____
_____
_____
_____

Affirmationen für den Tag:

_____
_____
_____
_____

Für was bin ich dankbar:

_____
_____
_____
_____

Persönliche Notizen:

_____
_____
_____
_____
_____

Tag_____ Monat _____ Jahr_____   Abend

Glücksmomente:

_____
_____
_____
_____

Gesundheit:

_____
_____
_____
_____

Beziehungen:

_____
_____
_____
_____

Was kann ich morgen besser oder anders machen:

_____
_____
_____
_____
_____

Tag_____ Monat_____ Jahr _____   Morgen

Meine Ziele für den Tag:

_____

_____

_____

_____

Affirmationen für den Tag:

_____

_____

_____

_____

Für was bin ich dankbar:

_____

_____

_____

_____

Persönliche Notizen:

_____

_____

_____

_____

_____

_____

Tag_____ Monat _____ Jahr_____ Abend

Glücksmomente:

_____
_____
_____
_____

Gesundheit:

_____
_____
_____
_____

Beziehungen:

_____
_____
_____
_____

Was kann ich morgen besser oder anders machen:

_____
_____
_____
_____
_____
_____

Tag_____ Monat_____ Jahr _____   Morgen

Meine Ziele für den Tag:

_____
_____
_____
_____

Affirmationen für den Tag:

_____
_____
_____
_____

Für was bin ich dankbar:

_____
_____
_____
_____

Persönliche Notizen:

_____
_____
_____
_____
_____

Tag_____ Monat _____ Jahr_____ Abend

Glücksmomente:

_____
_____
_____
_____

Gesundheit:

_____
_____
_____
_____

Beziehungen:

_____
_____
_____

Was kann ich morgen besser oder anders machen:

_____
_____
_____
_____
_____

Tag_____ Monat_____ Jahr _____   Morgen

Meine Ziele für den Tag:

_____
_____
_____
_____

Affirmationen für den Tag:

_____
_____
_____
_____

Für was bin ich dankbar:

_____
_____
_____
_____

Persönliche Notizen:

_____
_____
_____
_____
_____

Tag_____ Monat _____ Jahr_____   Abend

Glücksmomente:

_____
_____
_____
_____

Gesundheit:

_____
_____
_____
_____

Beziehungen:

_____
_____
_____

Was kann ich morgen besser oder anders machen:

_____
_____
_____
_____
_____

Tag_____ Monat_____ Jahr _____   Morgen

Meine Ziele für den Tag:

_____
_____
_____
_____

Affirmationen für den Tag:

_____
_____
_____
_____

Für was bin ich dankbar:

_____
_____
_____
_____

Persönliche Notizen:

_____
_____
_____
_____
_____
_____

Tag_____ Monat _____ Jahr_____   Abend

Glücksmomente:

_____

_____

_____

_____

Gesundheit:

_____

_____

_____

_____

Beziehungen:

_____

_____

_____

_____

Was kann ich morgen besser oder anders machen:

_____

_____

_____

_____

_____

Tag_____ Monat_____ Jahr _____   Morgen

Meine Ziele für den Tag:

_____

_____

_____

_____

Affirmationen für den Tag:

_____

_____

_____

_____

Für was bin ich dankbar:

_____

_____

_____

_____

Persönliche Notizen:

_____

_____

_____

_____

_____

_____

Tag_____ Monat _____ Jahr_____   Abend

Glücksmomente:

_____

_____

_____

_____

Gesundheit:

_____

_____

_____

_____

Beziehungen:

_____

_____

_____

_____

Was kann ich morgen besser oder anders machen:

_____

_____

_____

_____

_____

Tag_____ Monat_____ Jahr _____   Morgen

Meine Ziele für den Tag:

_____

_____

_____

_____

Affirmationen für den Tag:

_____

_____

_____

_____

Für was bin ich dankbar:

_____

_____

_____

_____

Persönliche Notizen:

_____

_____

_____

_____

_____

Tag_____ Monat _____ Jahr_____   Abend

Glücksmomente:

_____

_____

_____

_____

Gesundheit:

_____

_____

_____

_____

Beziehungen:

_____

_____

_____

_____

Was kann ich morgen besser oder anders machen:

_____

_____

_____

_____

_____

Tag_____ Monat_____ Jahr _____   Morgen

Meine Ziele für den Tag:

_____
_____
_____
_____

Affirmationen für den Tag:

_____
_____
_____
_____

Für was bin ich dankbar:

_____
_____
_____
_____

Persönliche Notizen:

_____
_____
_____
_____
_____

Tag _____ *Monat* _____ *Jahr* _____   *Abend*

Glücksmomente:

_____

_____

_____

_____

Gesundheit:

_____

_____

_____

_____

Beziehungen:

_____

_____

_____

_____

Was kann ich morgen besser oder anders machen:

_____

_____

_____

_____

_____

_____

Tag_____ Monat_____ Jahr _____   Morgen

Meine Ziele für den Tag:

_____
_____
_____
_____

Affirmationen für den Tag:

_____
_____
_____
_____

Für was bin ich dankbar:

_____
_____
_____
_____

Persönliche Notizen:

_____
_____
_____
_____
_____

Tag_____ Monat _____ Jahr_____   Abend

Glücksmomente:

_____
_____
_____
_____

Gesundheit:

_____
_____
_____
_____

Beziehungen:

_____
_____
_____
_____

Was kann ich morgen besser oder anders machen:

_____
_____
_____
_____
_____
_____

Tag_____ Monat_____ Jahr _____   Morgen

Meine Ziele für den Tag:

_____

_____

_____

_____

Affirmationen für den Tag:

_____

_____

_____

_____

Für was bin ich dankbar:

_____

_____

_____

_____

Persönliche Notizen:

_____

_____

_____

_____

_____

Tag_____ Monat _____ Jahr_____   Abend

Glücksmomente:

_____
_____
_____
_____

Gesundheit:

_____
_____
_____
_____

Beziehungen:

_____
_____
_____
_____

Was kann ich morgen besser oder anders machen:

_____
_____
_____
_____
_____

Tag_____ Monat_____ Jahr _____   Morgen

Meine Ziele für den Tag:

_____

_____

_____

_____

Affirmationen für den Tag:

_____

_____

_____

_____

Für was bin ich dankbar:

_____

_____

_____

_____

Persönliche Notizen:

_____

_____

_____

_____

_____

Tag_____ Monat _____ Jahr_____   Abend

Glücksmomente:

_____
_____
_____
_____

Gesundheit:

_____
_____
_____
_____

Beziehungen:

_____
_____
_____
_____

Was kann ich morgen besser oder anders machen:

_____
_____
_____
_____
_____

Tag_____ Monat_____ Jahr _____   Morgen

Meine Ziele für den Tag:

_____
_____
_____
_____

Affirmationen für den Tag:

_____
_____
_____
_____

Für was bin ich dankbar:

_____
_____
_____
_____

Persönliche Notizen:

_____
_____
_____
_____
_____
_____

Tag_____ Monat _____ Jahr_____   Abend

Glücksmomente:

_____
_____
_____
_____

Gesundheit:

_____
_____
_____
_____

Beziehungen:

_____
_____
_____
_____

Was kann ich morgen besser oder anders machen:

_____
_____
_____
_____
_____

Tag_____ Monat_____ Jahr _____   Morgen

Meine Ziele für den Tag:

_____
_____
_____
_____

Affirmationen für den Tag:

_____
_____
_____
_____

Für was bin ich dankbar:

_____
_____
_____
_____

Persönliche Notizen:

_____
_____
_____
_____
_____
_____

Tag_____ Monat _____ Jahr_____   Abend

Glücksmomente:

_____
_____
_____
_____

Gesundheit:

_____
_____
_____
_____

Beziehungen:

_____
_____
_____
_____

Was kann ich morgen besser oder anders machen:

_____
_____
_____
_____
_____

Tag_____ Monat_____ Jahr _____   Morgen

Meine Ziele für den Tag:

_____

_____

_____

_____

Affirmationen für den Tag:

_____

_____

_____

_____

Für was bin ich dankbar:

_____

_____

_____

_____

Persönliche Notizen:

_____

_____

_____

_____

_____

Tag_____ Monat _____ Jahr_____   Abend

Glücksmomente:

_____
_____
_____
_____

Gesundheit:

_____
_____
_____
_____

Beziehungen:

_____
_____
_____
_____

Was kann ich morgen besser oder anders machen:

_____
_____
_____
_____
_____
_____

Tag_____ Monat_____ Jahr _____   Morgen

Meine Ziele für den Tag:

_____
_____
_____
_____

Affirmationen für den Tag:

_____
_____
_____
_____

Für was bin ich dankbar:

_____
_____
_____
_____

Persönliche Notizen:

_____
_____
_____
_____
_____

Tag_____ Monat _____ Jahr_____   Abend

Glücksmomente:

_____
_____
_____
_____

Gesundheit:

_____
_____
_____
_____

Beziehungen:

_____
_____
_____

Was kann ich morgen besser oder anders machen:

_____
_____
_____
_____

Tag_____ Monat_____ Jahr _____   Morgen

Meine Ziele für den Tag:

_____
_____
_____
_____

Affirmationen für den Tag:

_____
_____
_____
_____

Für was bin ich dankbar:

_____
_____
_____
_____

Persönliche Notizen:

_____
_____
_____
_____
_____
_____

Tag_____ Monat _____ Jahr_____   Abend

Glücksmomente:

_____
_____
_____
_____

Gesundheit:

_____
_____
_____
_____

Beziehungen:

_____
_____
_____
_____

Was kann ich morgen besser oder anders machen:

_____
_____
_____
_____
_____
_____

Tag_____ Monat_____ Jahr _____   Morgen

Meine Ziele für den Tag:

_____

_____

_____

_____

Affirmationen für den Tag:

_____

_____

_____

_____

Für was bin ich dankbar:

_____

_____

_____

_____

Persönliche Notizen:

_____

_____

_____

_____

_____

_____

Tag_____ Monat _____ Jahr_____   Abend

Glücksmomente:

_____
_____
_____
_____

Gesundheit:

_____
_____
_____
_____

Beziehungen:

_____
_____
_____
_____

Was kann ich morgen besser oder anders machen:

_____
_____
_____
_____
_____

Tag_____ Monat_____ Jahr _____   Morgen

Meine Ziele für den Tag:

_____

_____

_____

_____

Affirmationen für den Tag:

_____

_____

_____

_____

Für was bin ich dankbar:

_____

_____

_____

_____

Persönliche Notizen:

_____

_____

_____

_____

_____

_____

Tag_____ Monat _____ Jahr_____   Abend

Glücksmomente:

_____
_____
_____
_____

Gesundheit:

_____
_____
_____
_____

Beziehungen:

_____
_____
_____
_____

Was kann ich morgen besser oder anders machen:

_____
_____
_____
_____
_____
_____

Tag_____ Monat_____ Jahr _____   Morgen

Meine Ziele für den Tag:

_____

_____

_____

_____

Affirmationen für den Tag:

_____

_____

_____

_____

Für was bin ich dankbar:

_____

_____

_____

_____

Persönliche Notizen:

_____

_____

_____

_____

_____

_____

Tag_____ Monat _____ Jahr_____   Abend

Glücksmomente:

_____
_____
_____
_____

Gesundheit:

_____
_____
_____
_____

Beziehungen:

_____
_____
_____
_____

Was kann ich morgen besser oder anders machen:

_____
_____
_____
_____
_____

Tag_____ Monat_____ Jahr _____   Morgen

Meine Ziele für den Tag:

_____

_____

_____

_____

Affirmationen für den Tag:

_____

_____

_____

_____

Für was bin ich dankbar:

_____

_____

_____

_____

Persönliche Notizen:

_____

_____

_____

_____

_____

Tag_____ Monat _____ Jahr_____ Abend

Glücksmomente:

_____

_____

_____

_____

Gesundheit:

_____

_____

_____

_____

Beziehungen:

_____

_____

_____

_____

Was kann ich morgen besser oder anders machen:

_____

_____

_____

_____

_____

Tag_____ Monat_____ Jahr _____   Morgen

Meine Ziele für den Tag:

_____
_____
_____
_____

Affirmationen für den Tag:

_____
_____
_____
_____

Für was bin ich dankbar:

_____
_____
_____
_____

Persönliche Notizen:

_____
_____
_____
_____
_____

Tag_____ Monat _____ Jahr_____   Abend

Glücksmomente:

_____

_____

_____

_____

Gesundheit:

_____

_____

_____

_____

Beziehungen:

_____

_____

_____

Was kann ich morgen besser oder anders machen:

_____

_____

_____

_____

_____

Tag_____ Monat_____ Jahr _____   Morgen

Meine Ziele für den Tag:

_____
_____
_____
_____

Affirmationen für den Tag:

_____
_____
_____
_____

Für was bin ich dankbar:

_____
_____
_____
_____

Persönliche Notizen:

_____
_____
_____
_____
_____
_____

Tag_____ Monat _____ Jahr_____   Abend

Glücksmomente:

_____

_____

_____

_____

Gesundheit:

_____

_____

_____

_____

Beziehungen:

_____

_____

_____

_____

Was kann ich morgen besser oder anders machen:

_____

_____

_____

_____

_____

Tag_____ Monat_____ Jahr _____   Morgen

Meine Ziele für den Tag:

_____

_____

_____

_____

Affirmationen für den Tag:

_____

_____

_____

_____

Für was bin ich dankbar:

_____

_____

_____

_____

Persönliche Notizen:

_____

_____

_____

_____

_____

112

Tag_____ Monat _____ Jahr_____ Abend

Glücksmomente:

_____
_____
_____
_____

Gesundheit:

_____
_____
_____
_____

Beziehungen:

_____
_____
_____
_____

Was kann ich morgen besser oder anders machen:

_____
_____
_____
_____
_____
_____

Tag_____ Monat_____ Jahr _____   Morgen

Meine Ziele für den Tag:

_____
_____
_____
_____

Affirmationen für den Tag:

_____
_____
_____
_____

Für was bin ich dankbar:

_____
_____
_____
_____

Persönliche Notizen:

_____
_____
_____
_____
_____
_____

Tag_____ Monat _____ Jahr_____   Abend

Glücksmomente:

_____
_____
_____
_____

Gesundheit:

_____
_____
_____
_____

Beziehungen:

_____
_____
_____
_____

Was kann ich morgen besser oder anders machen:

_____
_____
_____
_____
_____

Tag_____ Monat_____ Jahr _____   Morgen

Meine Ziele für den Tag:

_____
_____
_____
_____

Affirmationen für den Tag:

_____
_____
_____
_____

Für was bin ich dankbar:

_____
_____
_____
_____

Persönliche Notizen:

_____
_____
_____
_____
_____
_____

Tag_____ Monat _____ Jahr_____   Abend

Glücksmomente:

_____
_____
_____
_____

Gesundheit:

_____
_____
_____
_____

Beziehungen:

_____
_____
_____
_____

Was kann ich morgen besser oder anders machen:

_____
_____
_____
_____
_____
_____

Tag_____ Monat_____ Jahr _____   Morgen

Meine Ziele für den Tag:

_____
_____
_____
_____

Affirmationen für den Tag:

_____
_____
_____
_____

Für was bin ich dankbar:

_____
_____
_____
_____

Persönliche Notizen:

_____
_____
_____
_____
_____
_____

Tag_____ *Monat* _____ *Jahr*_____   *Abend*

Glücksmomente:

_____
_____
_____
_____

Gesundheit:

_____
_____
_____
_____

Beziehungen:

_____
_____
_____
_____

Was kann ich morgen besser oder anders machen:

_____
_____
_____
_____
_____

Tag_____ Monat_____ Jahr _____   Morgen

Meine Ziele für den Tag:

_____

_____

_____

_____

Affirmationen für den Tag:

_____

_____

_____

_____

Für was bin ich dankbar:

_____

_____

_____

_____

Persönliche Notizen:

_____

_____

_____

_____

_____

Tag_____ Monat _____ Jahr_____   Abend

Glücksmomente:

_____
_____
_____
_____

Gesundheit:

_____
_____
_____
_____

Beziehungen:

_____
_____
_____
_____

Was kann ich morgen besser oder anders machen:

_____
_____
_____
_____
_____
_____

Tag_____ Monat_____ Jahr _____   Morgen

Meine Ziele für den Tag:

_____
_____
_____
_____

Affirmationen für den Tag:

_____
_____
_____
_____

Für was bin ich dankbar:

_____
_____
_____
_____

Persönliche Notizen:

_____
_____
_____
_____
_____
_____

Tag_____ Monat _____ Jahr_____ Abend

Glücksmomente:

_____

_____

_____

_____

Gesundheit:

_____

_____

_____

_____

Beziehungen:

_____

_____

_____

_____

Was kann ich morgen besser oder anders machen:

_____

_____

_____

_____

_____

_____

Ideen, Träume, Wünsche

Ideen, Träume, Wünsche

Ideen, Träume, Wünsche

Ideen, Träume, Wünsche

Ideen, Träume, Wünsche

Ideen, Träume, Wünsche

Ideen, Träume, Wünsche

Ideen, Träume, Wünsche

Ideen, Träume, Wünsche

Ideen, Träume, Wünsche

Ideen, Träume, Wünsche

Ideen, Träume, Wünsche

Ideen, Träume, Wünsche

Ideen, Träume, Wünsche

Meine Lieblingsbücher

- Sorge dich nicht, lebe (Dal Carnegie)
- 12 Schlüssel zur Gelassenheit (Sabine Asgodom)
- Das Kind in dir muss Heimat finden
- (Stefanie Stahl)
- The Secret-Das Geheimnis (Rhonda Byrne)
- Raus aus der Komfortzone (Sabine Asgodom)
- Das Robbins Power Prinzip (Anthony Robbins)
- Mögest du glücklich sein (Laura Malina Seiler)
- Schön, dass es dich gibt (Laura Malina Seiler)
- Unbox your Life (Tobias Beck)
- Why not? Inspirationen für ein Leben ohne Wenn und Aber (Lars Amend)
- Dein Weg zur Selbstliebe (Robert Betz)
- Die Gesetze der Gewinner (Bodo Schäfer)
- Seelengevögelt: Manifest für das Leben (Veit Lindau)

Das Tagebuch der Anne Frank

Anne Frank begann ihr Tagebuch im Juni 1942. Es war der Tag nach ihrem dreizehnten Geburtstag.

In den gesamten 2 Jahren, in denen Anne mit ihrer Familie im Versteck lebte, führte sie das Tagebuch.

Das Tagebuch wurde ihre beste Freundin. Es hatte sogar einen Namen,, Kitty,, .

Kitty konnte sie verstehen und geduldig zuhören. Sie konnte Kitty alles anvertrauen.

Durch das Tagebuchschreiben hat Anne Frank einen Weg gefunden, dass Beste aus ihrer Situation zu machen.

Anne Frank war ein tapferes und wunderbares Mädchen.

Das Tagebuch schreiben, ist ein effektives Mittel gegen Stress und Sorgen im Alltag. Anne Frank konnte dadurch ihre Stimmung anheben, ihre Emotionen zum Ausdruck bringen, sich Klarheit verschaffen und sich auf ihre Träume und Wünsche fokussieren.

Anne Frank: Zitate

„ Einmal werden wir wieder Menschen sein und nicht nur Juden„

„ Niemand, der nicht schreibt, weiß, wie fein es ist, zu schreiben. Früher habe ich immer bedauert, nicht genug zeichnen zu können, aber nun bin ich überglücklich, dass ich wenigstens schreiben kann„ 5 April 1944

„ Ich finde es sehr komisch, dass erwachsene Menschen so schnell, so viel und über alle möglichen Kleinigkeiten Streit anfangen, bis jetzt dachte ich immer, dass zanken eine Kinderangelegenheit wäre, die sich später geben würde„

28 September 1942

„ Oh ja, ich will nicht umsonst gelebt haben wie die meisten Menschen. Ich will den Menschen, die um mich herum leben und mich doch nicht kennen, Freude und Nutzen bringen. Ich will fortleben, auch nach meinem Tod„ 5 April 1944

„Es gibt nur zwei Tage im Jahr, an denen man nichts tun kann. Der eine ist Gestern, der andere Morgen. Dies bedeutet, dass heute der richtige Tag zum Lieben, Glauben und in erster Linie zum Leben ist. (Dalai Lama)

Motivation

Was habe ich erreicht?

_____

_____

_____

_____

_____

_____

_____

_____

_____

_____

_____

_____

_____

_____

_____

_____

_____

_____

_____

_____

_____

_____

_____

_____

Motivation

Was habe ich erreicht?

_____

_____

_____

_____

_____

_____

_____

_____

_____

_____

_____

_____

_____

_____

_____

_____

_____

_____

_____

_____

_____

_____

_____

Für Fragen & Anregungen

doreenpechta@gmx.de

Das Coaching Programm: Die exorbitante Frau

http://doreen-pechta.de

Doreen Pechta / Strelitzerstrasse.9a / 17237 Userin

Notizen

Notizen

Notizen

Notizen

Notizen

Zeitfracht Medien GmbH
Ferdinand-Jühlke-Straße 7
99095 Erfurt, Deutschland
produktsicherheit@kolibri360.de